조물락 조물락 .....

우리의 손끝에 **꿈**과 **행복**이 있습니다.

손끝으로 느끼는 세상 **1**

생활용품 소품집

## 점토와 함께한 시간들이 어느덧 20여 년…

동물친구들을 만들어 달라며 조르던 코흘리개 꼬마아이는 이제 성숙한 숙녀가 되었습니다.

초창기 찰흙에서부터, 가볍고 종이를 재질로 하는 지점토의 등장, 점토자체가 색을 가지고 있는 고무를 재질로 하는 칼라믹스의 개발, 그리고 지금의 클레이 아트에 이르기까지 시대에 따라 점토기술은 발전과 특징을 가지고 있으며, 이로 인해 더욱더 다양하고 흥미로운 작업들을 할 수 있었습니다.

이렇듯 오랫동안 클레이와 함께하며 얻게 된 지식과 방법들을 실용적인 예제와 쉬운 설명으로 소개하여 많은 사람들이 이 매력적인 클레이를 쉽고 친근하게 다가갈 수 있도록 구성하였습니다.

또한, 클레이의 매력에 푹 빠진 많은 분들에게 보다 좀더 영감을 줄 수 있는 다양하고 창의적인 작품과, 일상생활 속에서 매우 유용하게 활용할 수 있는 소품들을 정성스럽게 모아 엮었습니다.

이 책을 통해 클레이를 사랑하게 되고, 클레이를 사랑하는 모든 이들과 함께 더 큰 클레이세상을 만들어 가기를 바랍니다.

한국예술공예회 회장   장 숙

# 당근 과일꽂이

햇살가득한 창가에 앉아
상큼한 과일과 차 한잔 ...
주황빛 당근이 싱그러움을 더한다...

# 야채, 과일 이쑤시개통

싱그러운 야채들과 상큼한 과일들…
조그만 이쑤시개통 소품 하나로
개성 가득한 우리집을 꾸며보세요

## 부지런히 살자! 호박타이머

'아, 늦었구나!'
바쁜 일상생활속에서 정신없는 우리들!
이젠 걱정없어요
애벌레가 정확한 시간을 알려줍니다.

# 동물캐릭터 병따개

뒷면에 자석이 부착되어 있어
냉장고에 붙여 메모홀더로사용하면 좋습니다

# 엄마의 마음을 담은 메모 집게

이제는 혼자서도 잘하는 우리아이...
사랑하는 서로의 마음을
메모지에 담아보세요.

# 휴지, 키친타올 홀더

더러움은 젖소요리사 저한테 맡겨주세요.
깨끗하게 닦아 드리겠습니다.
젖소요리사의 미소가 주방을 항상
청결하게 하네요...

# 다람쥐 도어스탑퍼

우리 친구들만 있으면 강한 바람에도 끄떡없어요.
꽝! 닫히는 문소리도 더이상 들리지 않아요 ~

# 나만의 개성이 가득한 수납통

내가 만든 수납통으로 정리 끝!
여러모양의 수납통을 만들고
예쁜 캐릭터로 뚜껑손잡이를 만들어
내 방안의 작은 소품들을
정리해 보세요!

# 나를 반겨주는 방문걸이

문을 열때마다 엄마의 사랑을 전하며
아이를 맞이한다.
혼자서도 척척 잘하는 우리아이가 대견스럽다.
늘 화이팅!

## 이벤트 소품

"고맙습니다. 사랑합니다."
늘 고마움을 전해야 하는 특별한 날에
글로 다 할 수 없는 감사의 마음을
카네이션 꽃에 담아보세요.

곰돌이 미니 벽걸이 스탠드

행복한 꿈의 나라로......

# 글쓰기 재미가 커지는 장식볼펜

좋아하는 캐릭터를 만들어
볼펜에 붙여 보세요.
글쓰는 재미가 커집니다.

# 딸기 수납통

집에서 버려지는 종이상자, 나무상자를
이용해 멋진 수납통을 만들어 보세요.

# 바구니 수납통

통조림을 먹고난 깡통들을 이용해
수납통을 만들어 보세요.
뚜껑을 닫으면 예쁜 장식품이 됩니다.

# 나만의 연필깍이

동화속 친구들이 함께하는 우리집...
동화책속의 친구들을 클레이로 만들어
방안을 예쁘게 장식해 보세요.

PetitAnge

## 주방 수건걸이

미니어쳐로 작게 꾸며진
아기자기한 주방소품들이
어릴적 소꿉놀이 추억을
떠올리게 한다…

# 액세서리

나만의 주얼리!
세상에 하나뿐인 주얼리
비싼 명품 부럽지 않다.

# 만년달력

행복한 우리집…
천하대장군! 지하여장군!
그들이 우리의 울타리를 지켜주어
든든해요.

# 미니 책꽂이

햇살이 가득한 창가와
한권의 책!
우리들의 마음을 여유롭고 풍성하게 합니다.

# 벽걸이 캐릭터 걸이

"금 나와라 뚝~딱!"
아이들 방안을 캐릭터 걸이로 예쁘게 꾸며보자
모자, 신발주머니 등……
스스로 정리하는 우리아이가 사랑스럽다.

# 미니 크리스마스 등

좁은 공간에서도
크리스마스의 특별한 분위기 연출이 가능한 미니등
로맨틱한 미니등으로
크리스마스의 낭만을 느껴보세요

## 삐에로 시계

인생에서 시계만큼 자주 보는 물건이
또 있을까?
'아 늦었네', '아직 여유가 있군'
여러분은 시계를 보면서
어떤 생각들을 하나요?

# 색연필통

세상을 아름다운 빛깔로
가득 채울 수 있는
너가 있어
우린 늘 행복해....

# CloyArt

## 만들기 교실

## 기본모양

**01**
**공** 모양

클레이를 조물조물 반죽하듯 주물러 클레이 속에 들어있는 공기를 뺀 뒤, 손바닥 중앙에 올려놓고 동글동글하게 굴려 공 모양으로 만들어 나갑니다. 힘을 살짝 주어 손바닥끼리 문지르듯 굴려주어야 클레이 표면에 줄이 사라져 매끈한 표면의 공 모양이 만들어 집니다. 모든 기본 형태는 이 공 모양에서 시작됩니다.

**02**
**물방울** 모양

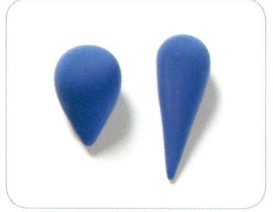

공 모양을 만든 후, 손바닥 중앙에 놓고 두 손을 마주하여 아래쪽을 붙여 V자 모양으로 만들어 문지르듯 위 아래로 반복하여 굴려줍니다. 손바닥 V자 모양의 각도에 따라 얇고 긴 물방울이 되기도 하고 통통하고 짧은 물방을 모양이 되기도 합니다.

**03**
**양쪽 물방울** 모양

물방울 모양을 만든 후, 다른 쪽도 같은 방법으로 물방울 모양이 되도록 만들어 줍니다. 양쪽의 모양이 같이 되도록 여러 번 반복하여 마름모 모양이 되도록 합니다.

**04**
**원기둥** 모양

공 모양을 만든 후, 손바닥을 쫙 펴 중앙 부분으로 마주하여 문지르듯 위 아래로 반복하여 굴려줍니다. 굴려준 원기둥 모양의 양 끝 부분은 엄지와 검지를 이용해 꾹꾹 눌러주면 원기둥 형태로 만들어 집니다.

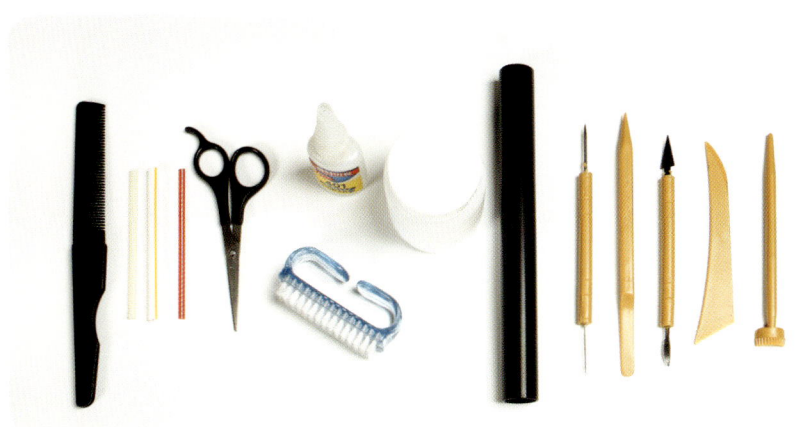

## 기본모양

**05**

**타원형** 모양

공 모양을 만든 후, 손바닥에 힘을 빼고 오므하게 오므려 중앙부분을 마주하여 문지르듯 위 아래로 반복하여 굴려줍니다.

**06**

**선** 모양

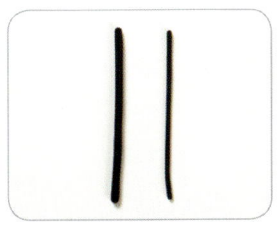

공 모양을 만든 후 원기둥 모양을 만들 듯 같은 방법으로 여러 번 계속하여 굴려주어 긴 선 모양을 만듭니다. 선의 굵기를 일정하게 하려면 손가락보다는 손바닥을 이용하는 것이 좋습니다. 손가락으로 힘을 주어 밀다보면 손가락 모양대로 울퉁불퉁한 선이 만들어지므로 주의하세요.

**07**

**반믹스**

연한 색 점토의 양을 1로 할 때 진한 색 점토의 양을 1/2로 준비합니다. 연한 색 점토를 아래에 놓고 진한 색 점토를 그 위에 올려놓고 누른 다음, 가장자리를 위로 접으면서 중앙부분을 누르기를 반복하여 줍니다. 진한 색 점토 중앙에 아래에 놓은 연한 색 점토가 베어 나오게 색을 만듭니다.

**08**

**마블링** 만들기

마블링 기법은 색을 섞는 과정에서 만들어지는 줄무늬를 활용한 방법입니다.
두 가지 이상의 색을 같은 길이로 붙인 다음 길게 잡아당겼다가 반으로 접고 다시 잡아당겼다가 반으로 접는 과정을 반복하여 나타나는 줄무늬를 그대로 사용하는 기법입니다. 마블링은 액세서리를 만들 때나 나뭇결무늬 등을 표현할 때 많이 사용됩니다.

햇살 가득한 창가에 앉아
상큼한 과일과 차 한 잔...
주황빛 당근꽂이가
싱그러움을 더한다.

# 당근과일꽂이

**당근**과일꽂이

사용색상

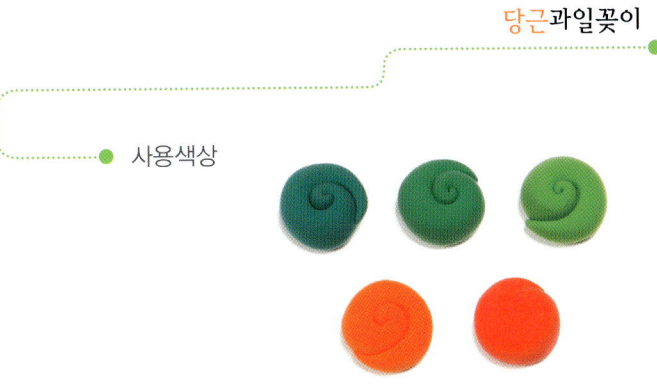

01 주황색 점토 위에 빨강색 점토를 올려놓고, 가장자리를 뒤로 접어주면서 반믹스 해서 색을 낸다

02 원기둥을 펴서 누른 다음 과일 꽂이 통을 감싸 준다.

03 한쪽 부분을 길고 뾰족하게 만든다.

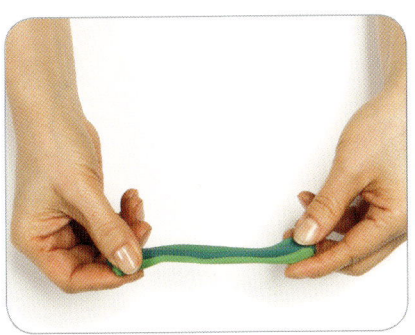

04 초록색과 연두색 점토를 길게 늘리는 것을 반복하여 줄기를 만든다.

05 준비된 줄기를 토막으로 잘라 여러 개 붙인다.

06 납작도구로 눌러 선을 만들고, 송곳으로 살짝 찍어 표면에 당근 느낌이 나도록 한다.

'아, 늦었구나!'
바쁜 일상생활속에서 놓치기 쉬운 시간들!
이젠 걱정없어요
우리의 애벌레가 정확한 시간을
알려준답니다.

02

# 때르릉~ 호박 타이머

호박 타이머

사용색상

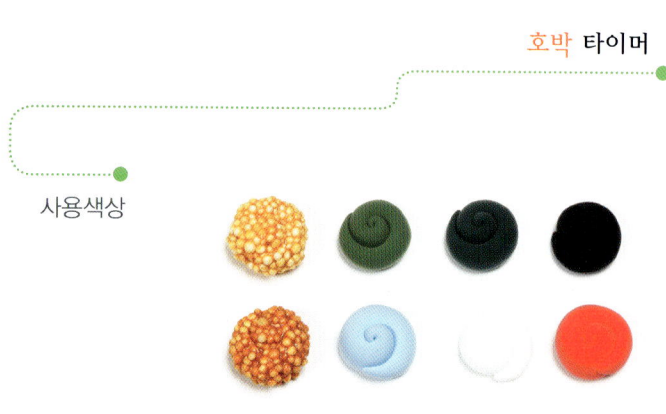

01 폼 점토를 타이머 아래쪽부터 감싸주면서 윗부분은 두껍게 감싸준다.

02 도구로 눌러 호박모양처럼 골을 만든다.

03 애벌레가 들어갈 부분을 엄지손가락으로 눌러 손가락 한마디 정도의 홈을 만든다.

04 크기가 다른 공 모양을 3개를 만들어 3번 과정에서 만든 홈에 크기가 작은 순서대로 넣어 붙인다.

05 연두색점토 위에 초록색점토를 올려 놓고 반믹스 한 다음 원기둥 모양을 만들어 원통 주위를 도구로 눌러 세로줄을 만들어 줄기의 느낌이 나도록 한다.

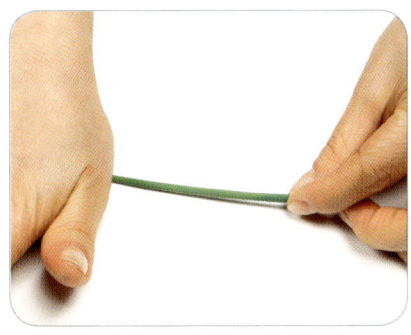

06 연두색점토 위에 초록색점토를 올려놓고 반믹스 한 다음, 반믹스한 점토를 한쪽 끝이 뾰족하게 길게 밀어 준다.

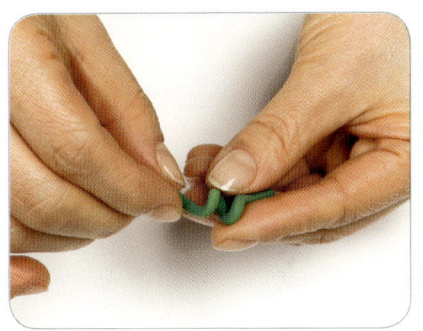

07 6번과정에서 만든 뾰족하고 긴 점토의 굵은 쪽을 살짝 잡은 다음, 그림과 같이 둥글게 말아 넝쿨모양을 만듭니다.

08 연두색점토 위에 초록색점토를 올려놓고 반믹스 한 다음, 물방울 모양으로 만들어 납작하게 누르면서 호박잎 모양을 만든 후, 송곳으로 잎맥을 그려준다.

09 4번 과정에서 만든 애벌레의 눈, 코, 입을 붙이고, 5번,7번,8번 과정에서 만들어진 줄기, 넝쿨, 잎을 윗부분 적당한 곳에 붙여 완성한다.

떼픔을 이용하여
미니 수납통을 만들면
작은 소품들 정리는 끝!

03

# 깜찍한 미니 수납통

**미니 수납통**

**사용색상**

---

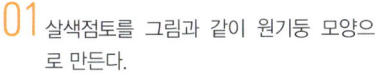

**01** 살색점토를 그림과 같이 원기둥 모양으로 만든다.

**02** 원기둥모양의 점토를 밀대로 밀어 납작하게 만든 후, 준비된 깡통의 원통부분을 반만 감싸준다.

**03** 갈색폼점토를 원기둥모양으로 만든 후, 밀대로 밀어 납작하게 만들어 깡통의 나머지 부분을 감싼다.

**04** 깡통의 살색점토 부분에 눈, 코 ,귀를 붙이고, 귀는 둥근도구로 살짝 눌러 모양을 낸다.

**05** 앞머리는 갈색폼점토를 이용하여 물방울 모양으로 만든 후 붙여주고, 입은 검은색점토로 선을 만들어 송곳을 이용하여 붙여준다.

**06** 파란색점토를 이용하여 공모양을 만든 후, 손으로 가볍게 눌러준 다음. 점토위에 뚜껑을 올려놓고 감싸준다.

# 미니 수납통

07 노란색점토를 이용하여 타원모양을 만든 다음, 손가락으로 얇게 누른 후, 가위로 반을 잘라 모자창을 만든다.

08 7번과정에 만든 모자창을 살짝 구부려 6번 과정에서 만든 뚜껑의 한쪽 가장자리에 붙인다.

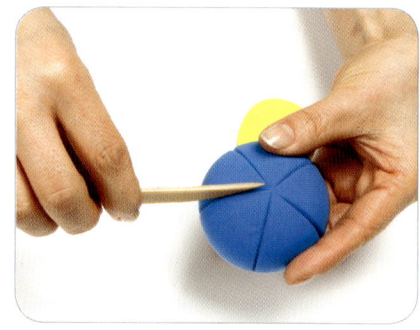

09 납작도구로 파란색모자의 윗부분을 그림과 같이 눌러 5개의 선을 만든다.

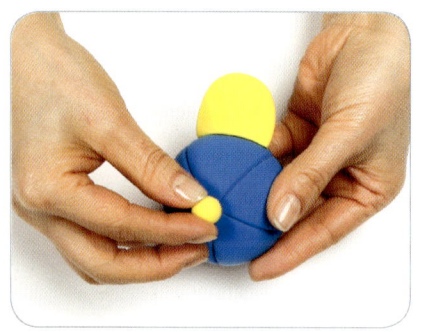

10 노란색 점토를 이용하여 작은 공모양을 만든 후, 파란색 모자의 윗부분의 중앙에 붙여 모자를 완성한다.

**Tip** 모자 창이 떨어졌어요

뚜껑을 여러번 열고 닫다 보면 일부 조각이 떨어져 버릴 수가 있습니다. 이렇게 일부분이 떨어졌을 때는 순간접착제로 붙여주면 단단히 잘 붙습니다.
그러나 순간접착제는 아이들이 만지기에는 위험하므로 반드시 엄마가 붙여 주어야 합니다.

# 깜찍한 미니 수납통

웃고, 찡그리고, 화나고…
그들의 표정이 재미있다.
각기 다른 표정속에 종류별로 담아
소품들을 정리해 보자.

04

**푸돌이** **벽걸이**

현관 입구에서 푸돌이가 날 반긴다.
열쇠, 모자 등…
자주 사용하는 것들을 걸어두자

푸돌이 **벽걸이**

사용색상

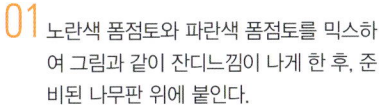

**01** 노란색 폼점토와 파란색 폼점토를 믹스하여 그림과 같이 잔디느낌이 나게 한 후, 준비된 나무판 위에 붙인다.

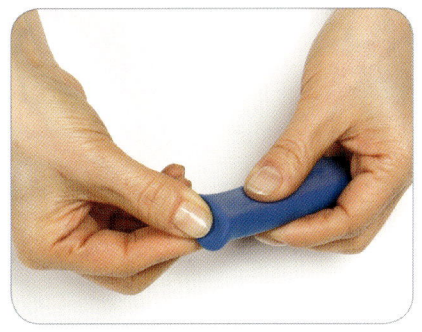

**02** 파란색점토를 길게 원기둥으로 만든 다음, 양끝을 엄지손가락으로 살짝 눌러 홈을 내어 바지를 만든다.

**03** 2번과정에서 만들어진 바지를 그림과 같이 잔디밭 위에 목공본드를 이용하여 붙인다.

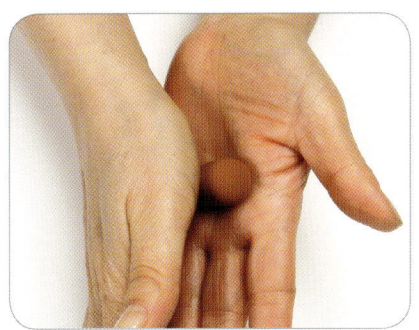

**04** 갈색점토를 이용하여 짧은 타원형 모양을 만든 후, 신발 모양을 낸다.

**05** 3번 과정에서 만든 바지양쪽에 4번 과정에서 만든 신발을 붙인다.

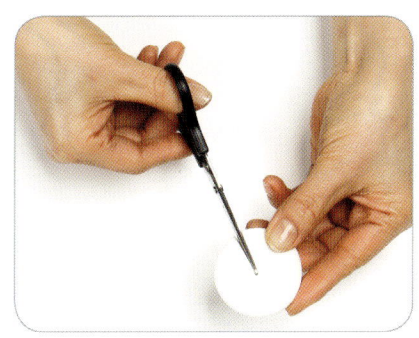

**06** 흰색점토를 이용하여 공모양을 납작하게 눌러 반을 자른다음, 중간부분을 1cm 정도 잘라 윗저고리를 만든다.

[ 04  푸돌이 벽걸이 ]

**07** 5번 과정의 바지위에 윗저고리를 붙이고, 납작도구로 가운데 부분을 세로선이 생기도록 눌러 옷이 포개지는 입체감을 살린다.

**08** 살색점토를 이용하여 원기둥을 만든 후, 양손으로 살짝 눌러 조금 납작하게 만든 다음, 납작도구로 선을 내어 손모양을 만든다.

**09** 흰색점토를 이용하여 짧은 원기둥을 만든 후, 한쪽 끝부분을 그림과 같이 오목하게 눌러 손을 붙일 자리를 만든다.

**10** 8번 과정에서 만들어진 손을 9번 과정에서 만들어진 옷소매의 오목한 부분에 붙인다.

**11** 작은 공모양의 단추를 윗저고리에 붙이고 파란점토를 얇게 밀대로 밀어 주름을 잡아 스카프를 만든다.

**12** 살색점토를 이용해 물방울을 만든 후, 살짝 눌러준 다음 그 위에 공모양의 미색점토 2개를 올려놓고 손으로 살짝 눌러 얼굴을 만든다.

**13** 11번 과정에 얼굴을 붙이고 눈과 코를 붙인 후, 물방울 모양의 귀를 붙여 완성한다.

# 푸돌이 벽걸이

현관 입구에서 푸돌이가
반갑게 우릴 맞이한다.
모자, 열쇠 ……
자주 사용하는 것들은
자기한테 맡기라고 …

아무 모양이 없는 저금통에
클레이로 예쁘게 젖소를 꾸며보아요.

# 05

# 젖소 저금통

젖소 저금통

사용색상

---

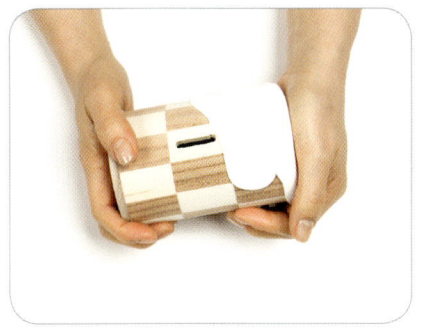

01 흰색점토로 나무저금통의 전체를 감싸준다.

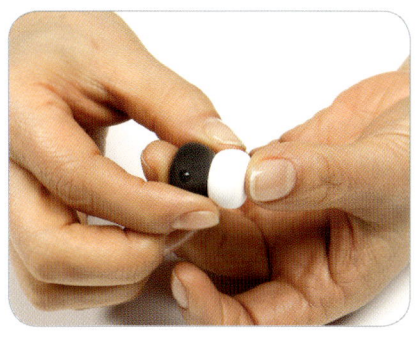

02 흰색 공모양과 검은색 공모양을 붙여 두 색이 연결되게 누르면서 하나의 원기둥으로 만들어 저금통의 발을 만든다.

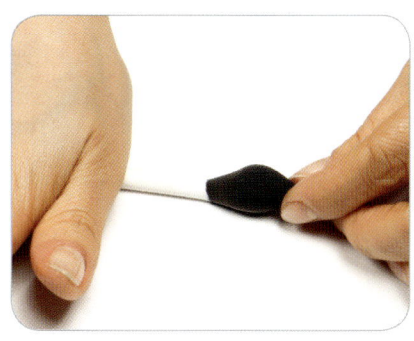

03 2번과 같이 두가지 색으로 하나의 원기둥을 만든 후, 흰색점토부분은 그림과 같이 길게 굴려주고, 검은색 점토부분은 뾰족하게 만든다.

---

04 뾰족하게 만든 검은색 점토를 가위로 그림과 같이 여러갈래로 잘라 꼬리를 만든다.

05 몸통에 검은색 점토로 점박이를 만들어 붙이고, 꼬리를 붙인다.

06 흰색점토로 물방울모양을 만든 후 납작하게 누른다음(얼굴), 그 위에 가로로 타원형을 만들어 물방울 모양의 윗부분에 붙이고, 납작도구로 가로선을 그어준다.

# [ 05 젖소 저금통 ]

07 검은색 점토로 점박이를 만들어 얼굴에 붙인 후, 큰 가로모양의 타원형을 만들어 6번 과정의 작은 가로모양의 타원형 위에 붙인다.

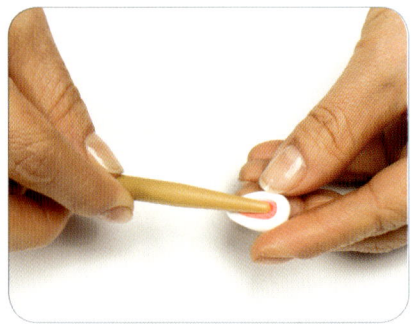

08 흰색점토로 긴 물방울을 만들고, 그 위에 살색점토로 작은 물방울을 만들어 올려놓고 둥근도구로 눌러주어 코를 만든다.

09 검은색 점토로 작은 공모양을 만들어 올려놓고 둥근도구로 검은색 점토를 눌러 위 아래로 살짝 움직여 벌어진 입을 만들어 준다.

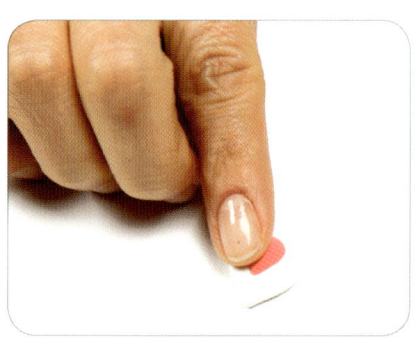

10 흰색점토로 짧은 물방울을 만든 후 그 위에 주황색점토로 더 작은 물방울을 올려놓고 손가락으로 눌러 귀를 만든다.

11 갈색점토로 작은 원뿔을 만들어 납작도구로 나선형 선을 그어 젖소의 뿔을 만든다.

12 각각 만들어진 코, 귀, 뿔, 눈을 붙이고, 검정색점토로 선을 만든 후 눈썹을 붙이고, 눈썹의 끝부분을 송곳으로 살짝 눌러 당겨 속눈썹을 만든다.

13 완성된 얼굴의 뒷면에 목공본드칠을 한 후, 몸통에 붙여 젖소 저금통을 완성한다.

젖소 저금통

따사로운 봄날
젖소 친구들이
봄 향기를 맡는다.

꽝!
닫히는 문소리!
이젠 더이상 들리지 않네요 ~

# 다람쥐 방문 스탑퍼

다람쥐 **방문 스탑퍼**

사용색상

01 황토색폼점토를 방문고정나무의 정사각
형부분에 매끈하게 감싸고 끝을 그림과
같이 뾰족하게 만든다.

02 밤색폼 점토를 원기둥으로 길게 밀어, 준
비된 1과정에 그림과 같이 덧붙인다.

03 황토색점토위에 흰색점토를 올려놓고 가
장자리부분을 뒤로 젖혀눌르면서 반믹스
하여 도토리색을 만든다.

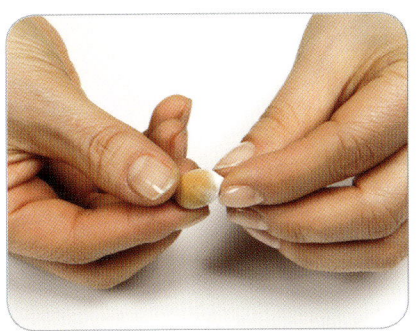

04 타원형 모양으로 굴려 만든 다음 한쪽 끝
을 뾰족하게 만든다.

05 갈색점토를 납작한 원판으로 만들어 4번
과정에 준비된 도토리의 둥근부분에 감
싼다.

06 감싼 갈색점토의 중앙부분을 손으로 집
어 도토리의 꼭지를 만든다.

# 다람쥐 방문 스탑퍼

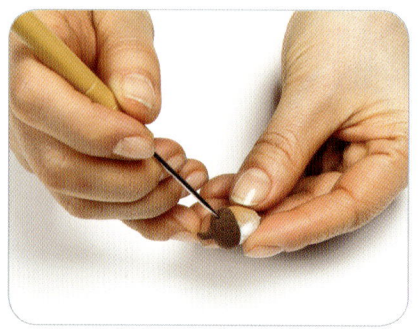

07 도토리의 갈색점토 부분을 송곳으로 여러 개 찍어 도토리의 느낌을 살린다.

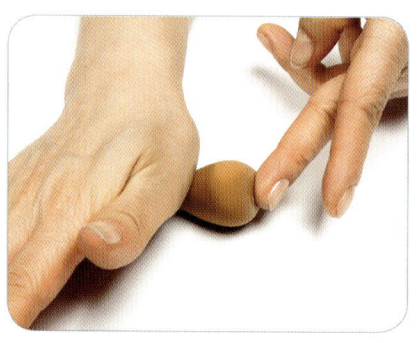

08 황토색 점토로 물방울 모양을 만들어 다람쥐의 몸통을 만든다.

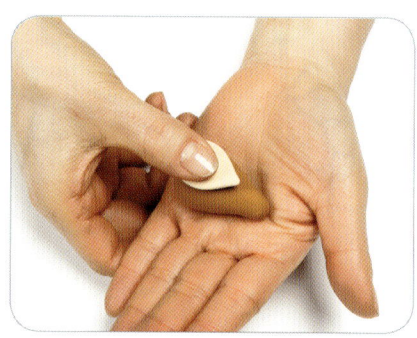

09 미색점토로 물방울 모양을 만들고, 8번과 정에서 만든 몸통을 손바닥 위에 올려놓은 후, 그 위에 미색물방울을 올려놓고 작은힘을 반복하여 누른다.

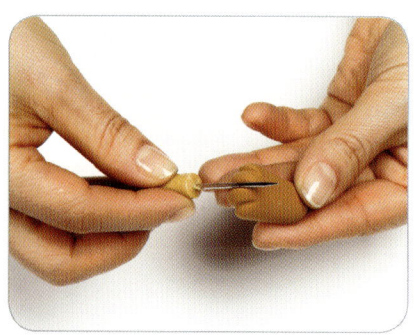

10 황토색점토로 원기둥모양을 만든 후, 송곳으로 그림과 같이 세군데를 살짝 눌러 다람쥐 발모양을 만든다.

11 몸통을 탁자위에 세워놓고 10번 과정에서 만든 발을 양쪽에 붙인다.

12 황토색점토로 원기둥모양을 만든 후, 납작도구로 세군데를 살짝 눌러 손모양을 만든다.

13 준비된 도토리를 배에다 먼저 붙인 후, 양 팔을 도토리를 잡은 듯이 붙인다.

14 황토색점토로 공모양을 만든 후, 다람쥐 의 몸통에 이쑤시게를 고정시키고 공모 양얼굴을 끼운다.

15 미색점토로 공모양 2개를 만든 후, 얼굴 아래부분에 붙여 눌러 준다.

16 검은색점토로 작은 타원모양의 코를 만 들어 붙이고, 큰빨대로 찍어 입모양을 만 든다.

17 갈색점토로 가는 선을 만들어 이마부분 에 붙이고, 흰색점토로 타원모양의 눈을 붙이고, 검은색점토로 가는선을 만들어 눈위에 붙인 후, 송곳으로 끝부분을 살짝 눌러당겨 눈썹을 만든다

18 황토색점토로 공모양을 만든 후 적은 양 의 갈색점토를 공모양 위에 올려놓고 둥 근도구로 눌러 귀를 만들어 얼굴에 붙인 후, 뾰족한 도구로 찔러붙인다.

19 황토색점토로 양끝이 뾰족한 양쪽물방울 을 만들고, 갈색점토로 황토색보다 가는 양끝이 뾰족한 양쪽물방울을 두개 만든 후, 갈색물방울을 황토색물방울 양 옆에 붙여 꼬리를 만든다.

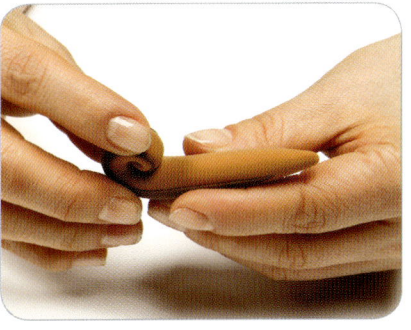

20 19번 과정에서 만든 꼬리를 갈색부분이 양 옆으로 오게한 후, 한쪽 끝을 말아 꼬 리모양을 완성한다.

21 완성된 꼬리부분을 그림과 같이 방향이 바뀌지 않도록 주의해서 붙인다.

늘 고마웠던 분들께 감사의 마음을
담아 선물하세요.
"사랑합니다"

07

# 카네이션

**카네이션**

사용색상

01 핑크색점토를 두께가 0.2cm 정도, 너비가 1cm정도 되게 길게 눌러 만들고, 흰색점 토는 굵기가 0.1cm 정도되게 긴 선을 만 들어 핑크색점토의 얇은 면에 붙인다.

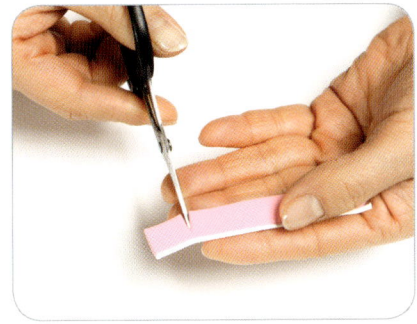

02 1번과정에서 만들어진 점토를 간격이 1cm 정도되게 잘라 13 등분을 준비한 다.

03 자른 점토를 그림과 같이 손가락 위에 올 려놓고 둥근도구를 이용하여 살짝눌러 비벼 올려 점토를 늘려주기를 반복하여 꽃잎모양을 만든다.

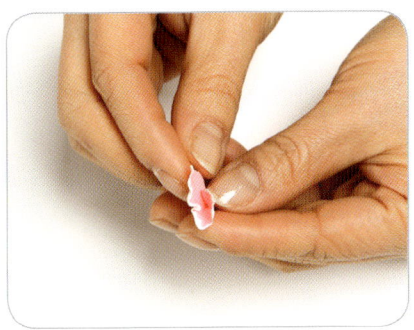

04 3번 과정에서 만든 꽃잎을 그림과 같이 3분의1 정도 부분에서 접어 꽃잎 한 장 을 완성한다.

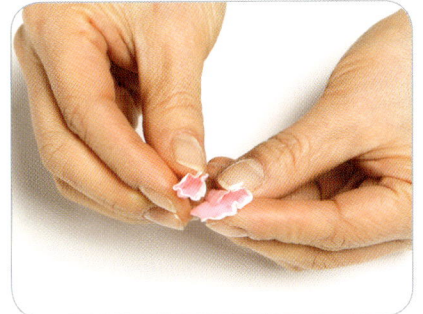

05 완성된 꽃잎을 13장 정도 돌아가면서 덧 붙인다.

06 꽃 아랫부분을 둥글게 모아 다듬어 준다.

07 **카네이션**

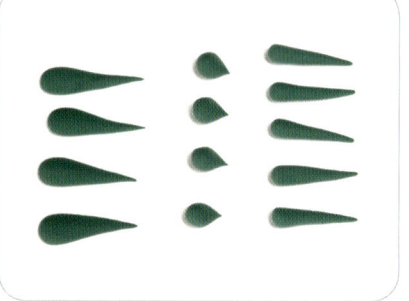

07 초록색점토로 긴물방울 5개와 짧은 물방울 5개를 만들어 꽃받침을 준비하고, 초록색점토로 긴물방울 4개를 다시 만들어 눌러서 꽃잎을 준비한다.

08 카네이션 꽃에 꽃철사를 꽂은 다음 긴 꽃받침물방울 5개를 돌려가며 붙인다.

09 긴 꽃받침 물방울 사이사이에 짧은 물방울 5개를 돌려가며 붙인다.

10 눌러준 초록색 긴물방울(잎) 한쪽 끝부분 가운데에 철사를 올려놓고 철사를 감싸듯이 잎을 붙인다.

11 흰색점토를 얇게 밀어 직사각형으로 자른 다음, 그림과 같이 한쪽 모서리부분에서부터 말아주어 편지지를 만든다.

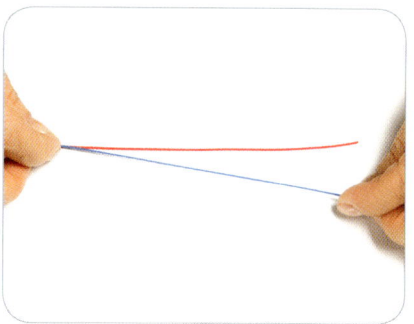

12 빨간색점토와 파란색점토를 0.1cm의 굵기의 긴줄로 만든 후, 두 줄을 붙인다.

13 완성된 편지지의 중앙에 12번과정에서 만든 끈을 한바퀴 돌려 준다

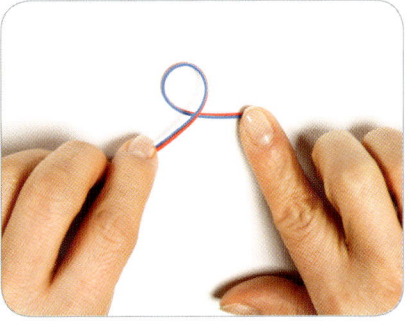

14 12번 과정에서 만든 끈을 한바퀴 돌려 그림과 같이 만든다.

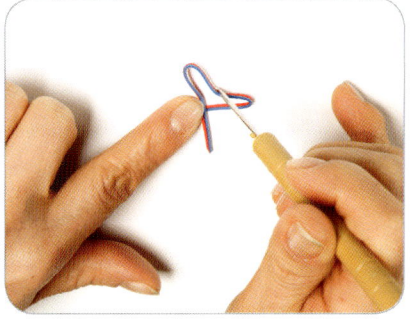

15 선의 교차점을 손가락으로 살짝 누른 후, 그림과 같이 원의 윗부분을 송곳으로 끌어당겨 교차점에 붙인다.

16 편지지에 15과정에서 만들어진 리본을 목공본드로 붙인다.

17 갈색폼점토와 황토색폼점토를 반믹스 하여 준비된 유리관에 밀어넣어 채워준 후, 카네이션을 꽂는다.

18 초록색폼점토와 연두색폼점토, 그리고 노란색폼점토를 반믹스하여 카네이션 밑받침으로 쓰일 잔디밭을 만든다.

19 잔디밭 위에 유리관을 올려놓고 도구를 이용하여 잔디를 다듬어 완성한다.

**Tip** 클레이에 먼지가 쌓였어요

클레이로 만든 소품에 먼지가 쌓여 지저분해졌을 경우에는 먼지털이로 털어주세요.
먼지가 오래되어 안털어지면 물티슈로 닦아주세요.
물티슈로 닦을때에는 색이 묻어나는 경우가 있으므로 진한색을 닦은 티슈로는 흰색을 닦지 않도록 주의해야 합니다

내가 만든 수납통으로 정리 끝!
다양한 크기의 수납통을 만들어
방안의 작은 소품들을 정리해 보세요.

# 08

# 말 수납 통

**말 수납 통**

사용색상

**01** 검정색점토를 공모양으로 한 다음, 그림과 같이 한손은 옆면을 잡아 주고 한손으로는 눌러주어 두께가 0.7cm가 되게 원판을 만들어 사물함바닥을 완성한다.

**02** 검정색점토를 사물함바닥의 둘레만큼 원기둥으로 만들어 손바닥으로 한번 눌러준 다음 밀대를 사용해 두께가 0.7cm가 되도록 만든다. 너비는 본인이 정하면 된다.

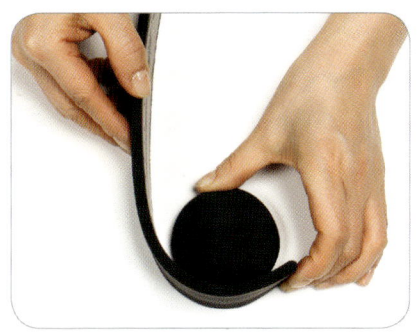

**03** 사물함바닥을 책상위에 올려놓고, 과정2에서 만든 옆면을 사물함바닥 둘레에 붙인다.

**04** 검정색점토로 사물함바닥과 같은 방법으로 뚜껑을 만들되, 뚜껑의 지름은 과정3에서 만든 사물함통의 지름과 같아야 한다.

**05** 뚜껑을 수납통에 고정시키기 위해, 검정색 점토로 0.5cm 굵기의 긴 줄을 만들어 뚜껑의 안쪽에 둥글게 붙여준다.

**06** 노란색점토로 끝이 뾰족한 긴 줄을 만들어 수납통의 옆면에 나선형으로 감아 붙여 달팽이 모양을 만든다.

08 **말 수납 통**

07 하늘색점토로 작은 물방울 6개를 만들어 사물함통 옆면에 그림과 같이 꽃모양으로 붙인다.

08 연두색점토로 물방울 2개를 만들어 서로 붙여 하트모양을 만든 다음, 사물함통 옆면에 붙인다.

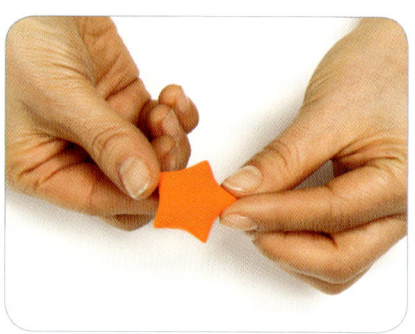

09 주황색점토로 공을 만들고 누른다음, 점토의 5곳을 손가락으로 집어누르기를 반복하여 별모양을 만들어 옆면에 붙인다.

10 흰색점토로 공을 만든 후, 손바닥위에 올려놓고 그림과 같이 공모양의 2분의1정도에서 위아래로 굴려 한쪽을 길게 만든다.

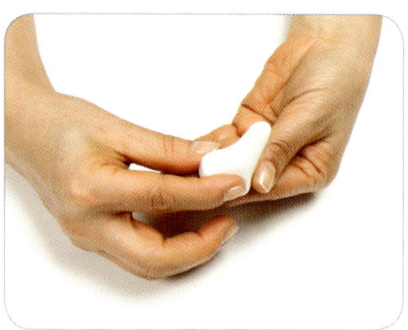

11 둥근쪽을 바닥에 놓고 직사각형이 되게 다듬는다.

12 가위로 직사각형 부분을 1cm정도 깊이로 십자가로 잘라 다리를 만든다.

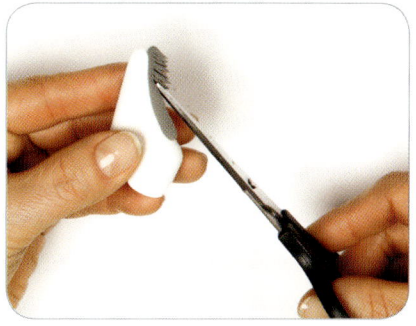

13 회색점토로 만든 긴 원기둥을 몸에 붙여 납작하게 누른 후, 가위로 사선으로 잘라 말갈기를 만든다.

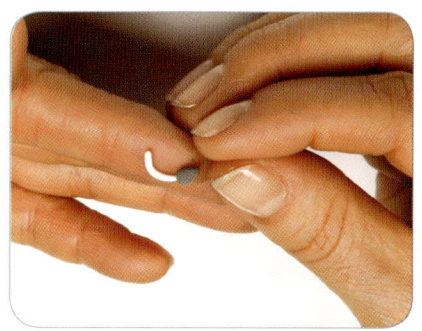

14 흰색점토로 가는 선을 만들고, 회색점토로 작은 물방울을 만들어 가는 흰색선의 끝부분에 붙여 꼬리를 만든다.

15 흰색점토로 물방울을 만들고, 살색점토로 타원모양을 만든후 흰색물방울의 뾰족한 부분에 붙인다.

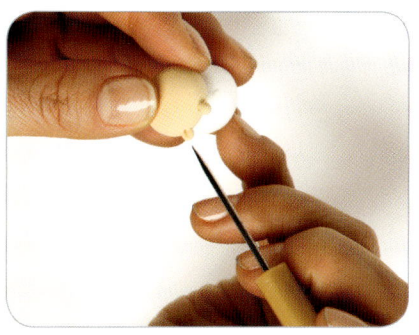

16 살색점토의 작은 공모양 두개를 살색타원형에 붙인 후, 송곳으로 찔러 코를 만든다.

17 흰색점토의 작은 물방울 두개를 만들어 흰색얼굴에 붙여 송곳으로 살짝찔러 귀를 만든다.

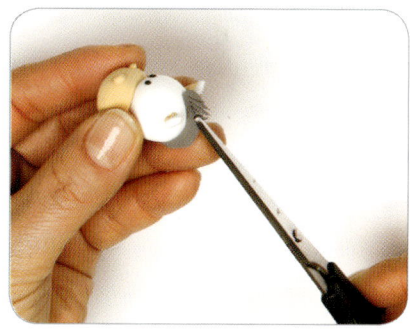

18 회색점토로 가는 원기둥을 만들어 흰색 머리에 붙인 후 말갈기처럼 가위로 자른다.

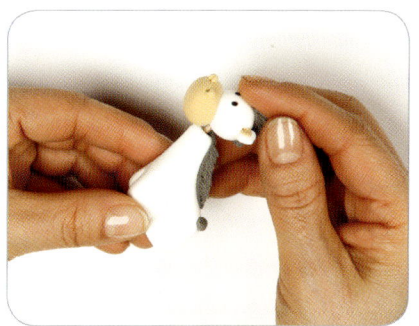

19 몸통에 이쑤시개를 꽂은 후 그 위에 머리를 꽂아 말을 완성한다.

20 완성된 말의 밑부분을 목공본드칠 하여 뚜껑에 붙여 "말 수납통" 을 완성한다.

"엄마 이거 나야?
잘 그렸지?"
아이들의 꿈의 세계로 ..

09

# 원숭이 색연필통

사용색상

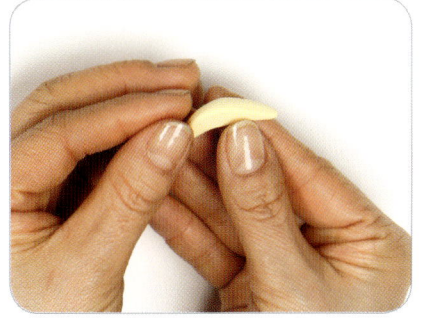

**01** 미색점토로 양쪽 물방울을 만든 다음, 손가락으로 가볍게 삼각면을 만든다.

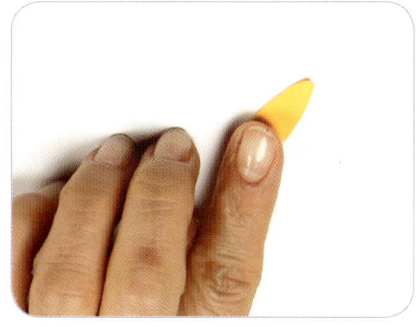

**02** 노란색점토로 양쪽 물방울을 3장 만든 다음 바닥에 놓고 납작하게 눌러 바나나 껍질을 만든다.

**03** 납작하게 누른 껍질을 바나나주위에 3장 붙여 준다.

**04** 갈색폼점토를 원기둥으로 만들어 누른 다음, 준비된 색연필 통의 옆면을 감싸 준다.

**05** 살색점토로 공모양을 만들어 누른 다음, 갈색폼점토로 감싼 통의 옆면에 붙여 준다.

**06** 갈색점토로 물방울 2개를 만든 뒤, 통의 아랫부분에 양쪽으로 붙여 발을 완성한다.

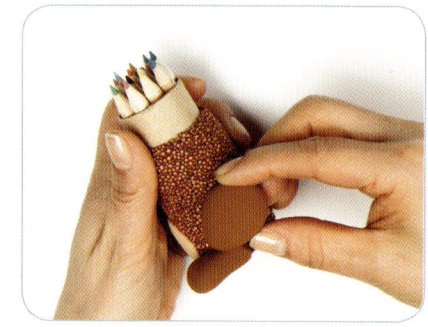

# [ 09 원숭이 색연필통 ]

07 갈색점토로 공모양을 만들어 한번 눌러 펴 준 후 발 위에 붙인다.

08 준비된 바나나를 배에다 먼저 붙인 후 원 기둥 모양의 양팔을 바나나를 잡은듯이 붙여주고 갈색점토로 크기가 다른 작은 공모양 4개(발가락)를 2세트 만든 후, 발 에 붙인다.

09 갈색점토로 물방울을 만든 후, 한쪽부분 을 길게 밀어 꼬리모양을 만들어 몸통의 뒷부분에 붙인다.

10 갈색폼점토를 이용하여 몸통제작과 같은 방법으로 뚜껑을 감싸준다.

11 살색점토로 공모양을 만들어 납작하게 누른 후, 뚜껑의 옆면에 붙여주고, 살색점 토로 원기둥모양을 그 위에 붙여 이음새 를 매끄럽게 다듬는다.

12 짙은살색점토로 작은 공모양 2 개를 만든 후, 과정11의 원기둥모양에 올려놓고 도 구로 찍어 콧구멍을 만든다.

13 입은 납작칼로 그려주고, 갈색공모양 점 토위에 살색공모양점토를 눌러붙여 귀 를 만든 후 머리에 붙여 도구로 찍어준 다. 그리고 눈썹과 혓바닥을 만들어 붙 여 완성한다.

# 원숭이 색연필통

"엄마 이거 나야! 잘 그렸지?"
아이들의 꿈을 자라게 한다.
책상위의 예쁜 장식으로도 매우 좋다.

산타 할아버지!
선물주세요 ~
화이트 크리스마스 !!!
눈사람이 흥겹게 춤을 추면서 …
메리크리스마스!

10
## 춤추는 눈사람

춤추는 눈사람

사용색상

**01** 흰 철사에 흰색폼점토를 드문드문 붙여 눈 나무를 10개 만든다.

**02** 나무를 만들기 위해 갈색, 회색, 검정색 점토를 원기둥으로 만들어 붙인다.

**03** 3가지색을 붙인 점토를 그림처럼 길게 늘리고, 반으로 접고 하는 것을 여러 번 반복한다.

**04** 가위로 잘라 아랫부분이 윗부분보다 조금 더 넓게 한다. 나무는 2개를 준비한다.

**05** 초록색점토로 조금씩 크기가 다른 공모양을 만든다.

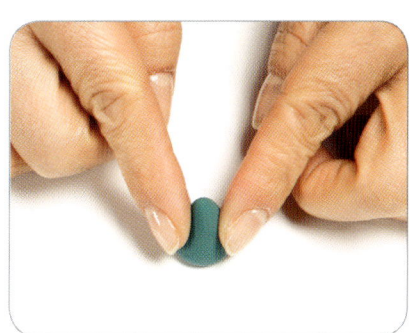

**06** 과정5에서 만들어진 공모양을 바닥에 놓고 그림과 같이 손가락으로 눌러 물방울을 만든다.

# 춤추는 눈사람

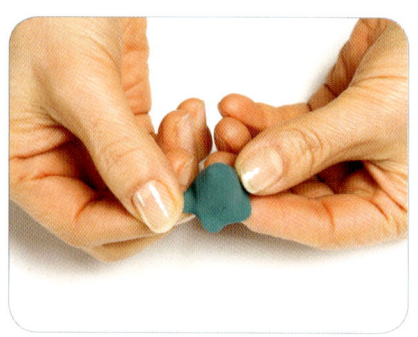

07 과정6에서 만들어진 물방울의 밑면을 손 위에 올려놓고 가장자리부분을 손으로 살짝씩 당겨준다.

08 과정4에서 준비된 나무에 철사나 이쑤시개를 꽂고, 그 위에 과정7에서 만든 나무 상단을 큰것 부터 작은 것 순으로 연속하여 3개를 끼운다.

09 흰색점토를 솔로 찍어 눈덩이를 만든다.

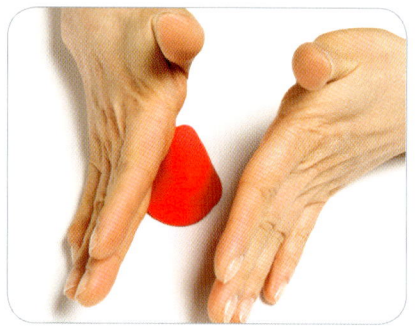

10 빨간색점토로 물방울을 만든 후 탁상위에 올려놓고 바닥부분을 편평하게 만들어 눈사람의 옷을 만든다.

11 그림과 같이 편평한 바닥의 가장자리를 잡아당겨 늘려준다.

12 늘려준 넓은 쪽을 잡고 반대쪽을 3바퀴 돌려 꼬아준다.

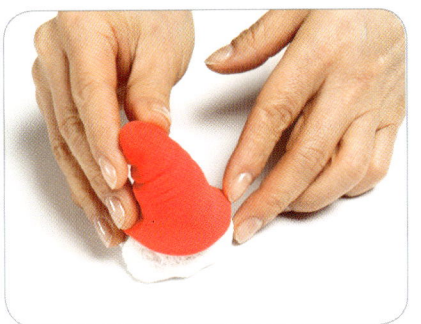

13 눈덩이 위에 옷을 붙인다.

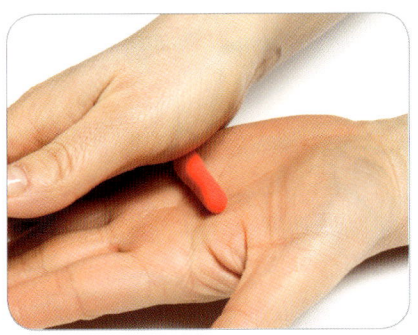

14 팔을 만들기 위해, 빨간색점토로 긴 원기 둥 모양을 만든다.

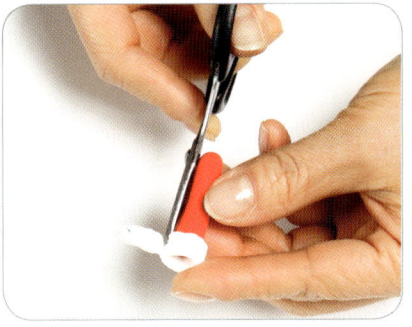

15 흰점토를 길게 만들어 솔로 찍어준 다음, 팔의 한쪽 끝부분에 감아붙이고 나머지 는 자른다. 팔은 2개를 만든다.

16 초록색점토로 물방울을 만들어 누른 후, 그림과 같이 가로로 잘라 장갑을 만든다. 장갑은 2개를 만든다.

17 빗으로 장갑의 표면을 눌러주어 털장갑 의 느낌을 준다.

18 과정15에서 완성된 팔에 장갑을 붙인 후 팔을 살짝 구부려 생동감을 준다.

19 몸에 양팔을 붙이고 노랑, 파랑, 검정색점 토로 작은공을 만들어 눌러 단추를 붙인 후, 단추를 둥근도구로 눌러주고 송곳으 로 찍어서 단추의 느낌을 살린다.

20 초록색점토로 긴 원기둥을 만든 후 밀대 로 납작하게 눌러 그림과 같이 빗으로 찍 어줌으로써 털목도리 효과를 낸다.

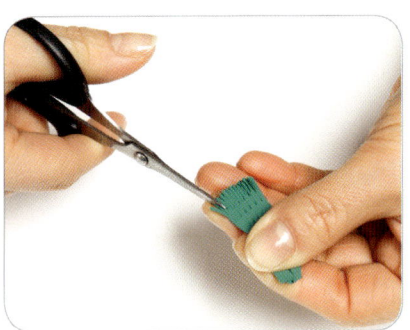

21 한쪽 끝을 가늘게 가위질을 한다. 이렇게 2개를 만든다.

## 10 춤추는 눈사람

22 가위질한 한 개는 몸 앞쪽에 붙이고, 그 위에 목도리를 둥글게 올려놓은 후, 가위 질한 다른 한 개는 뒤로 넘어가 붙인다.

23 흰색공모양을 솔로 누르면서 굴려준다.

24 빨간색점토로 작은 물방울을 만들어 코 를 붙인다.

25 초록색점토로 물방울을 만든 후 탁자에 올려놓고 밑면의 가장자리부분을 살짝 손가락을 넣어 늘려준다.

26 빗으로 초록색물방울을 돌아가면서 눌러 주어 모양을 낸다.

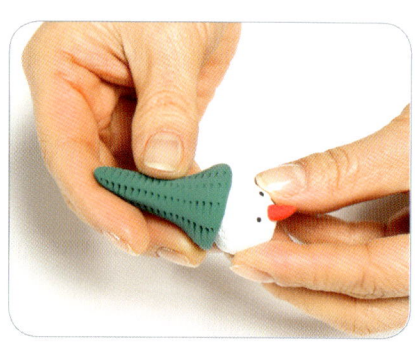

27 눈사람의 머리에 모자를 붙이고, 모자의 끝부분을 잡아 3바퀴 돌려 꼬아준다.

28 빨간색점토로 긴 원기둥을 만들어 얼굴
과 모자 사이에 돌려 붙인 후, 몸에 이쑤
시개를 꽂고 그 위에 얼굴을 붙여 눈사람
을 완성한다.

29 준비된 등을 갈색폼점토로 옆면과 윗면
을 감싸준다.

30 감싸진 갈색폼점토 위에 흰색폼점토를 드
문드문 붙여 눈이 내린 느낌을 준다.

31 미리 만들어 놓은 나무들을 꽂아주고, 눈
사람은 목공본드를 이용해 붙여주면 춤
추는 눈사람이 완성된다.

!! 주의사항

잔주름 없이 매끈한 기본모양을 만들려면 줄이 생긴 부분에 조금 힘을
주어 누르듯 굴려주면 좀 더 매끄럽게 만들 수가 있습니다. 너무 오랜시
간에 걸쳐 모양을 만들면 표면이 말라서 잔주름이 많이 생기기 때문에
빠른 시간에 모양을 만들도록 하세요. 그래도 표면이 말라서 생긴 잔주
름은 다시 조물조물 주물러 사용하고, 클레이가 부드럽지 않을 경우엔
물을 약간 사용하여 반죽하듯 주물러서 말랑말랑 부드럽게 만든 후, 다
시 만들어 주면 깨끗하고 매끄러운 모양을 만들 수 있습니다.

어두운 밤!

무서워하지 말아요.

제가 환하게 비취줄게요.

11

# 곰 벽걸이등

곰 벽걸이등

사용색상

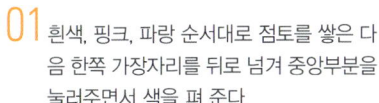

01 흰색, 핑크, 파랑 순서대로 점토를 쌓은 다음 한쪽 가장자리를 뒤로 넘겨 중앙부분을 눌러주면서 색을 펴 준다.

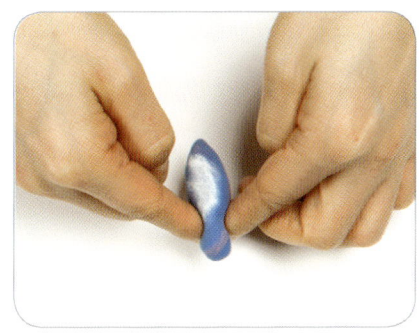

02 뾰족한 타원형을 만들어 그림과 같이 두 손가락으로 굴려 준다.

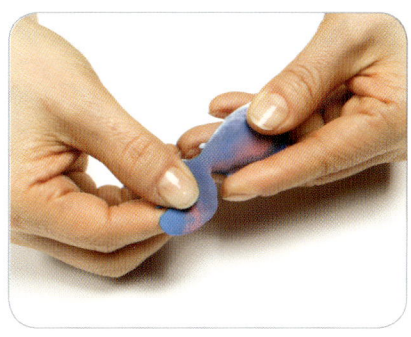

03 바닥에 놓고 전체를 한번 누른 다음, 손가락으로 누르면서 잡아당기기를 여러 차례 반복하여 꼬리부분을 만든다.

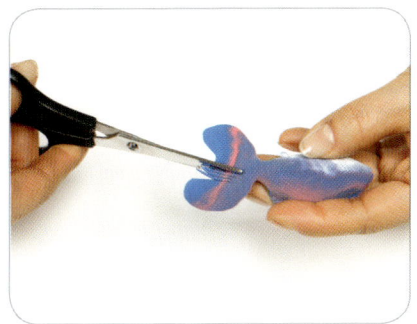

04 등지느러미와 꼬리부분을 가위로 잘라 모양을 낸다.

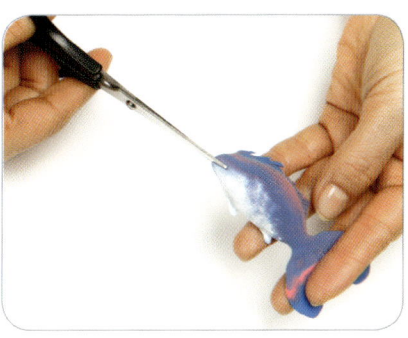

05 그림과 같이 입부분을 가위로 잘라 입체감 있는 입모양을 만든다.

06 자른 부분을 손으로 만져 자연스럽게 웨이브를 준다.

# 11 곰 벽걸이등

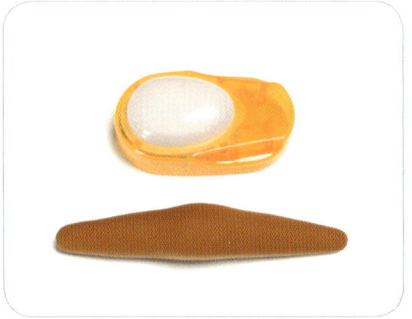

**07** 갈색점토로 양쪽 물방울을 만든다.

**08** 갈색양쪽물방울 점토로 벽걸이등의 넓은 쪽을 중심으로 감싸준다.

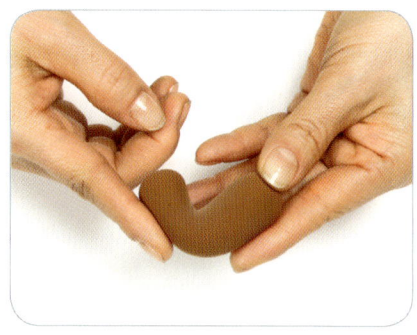

**09** 갈색점토로 원기둥을 만들고 원기둥의 3 분의 1선에서 ㄱ자 모양으로 구부려 준다.

**10** 구부러진 3분의 1정도 되는 부분을 손으로 살짝 눌러준 다음, 송곳으로 발가락 모양을 내기위해 눌러준다.

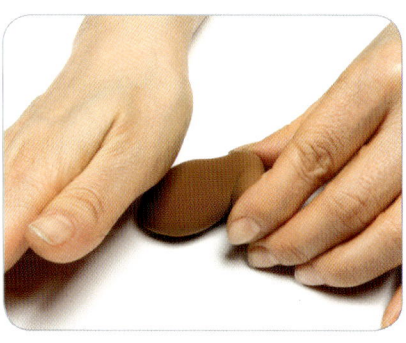

**11** 다리를 옆으로 눕혀놓고 허벅지 부분을 손바닥으로 살짝 눌러 펴준다.

**12** 몸통에 양쪽발을 붙여주고, 살색점토로 작은 공모양을 만들어 발바닥에 붙인다.

13 갈색점토로 원기둥을 만든 다음 전체를 살짝 눌러주어 팔의 형태를 만들고. 한쪽 끝을 납작칼로 3군데 찍어주어 손가락 모양을 만든다.

14 준비된 물고기를 몸통에 먼저 올려 놓고, 양팔은 물고기를 감싸듯이 붙인다.

15 갈색점토로 둥근공모양을 만들어 살짝 누른 후, 몸통에 붙인다.

16 미색점토로 타원형을 만들어 바닥에 놓고 손으로 살짝 누른다음, 한쪽 부분을 살짝 뾰족하게 잡아준다.

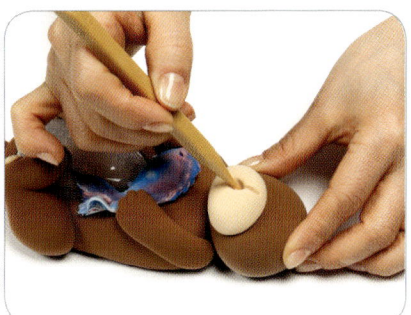

17 뾰족한 부분이 위로 가게 얼굴에 붙여주고 도구를 이용해 입을 찍어 준다.

18 갈색점토로 둥근모양을 만들고, 미색점토로 작은 원판을 만들어 갈색점토에 붙여눌러 귀를 만든 후, 둥근부분의 한쪽을 가위로 자른다.

19 눈, 코를 붙이고 귀 부분은 도구로 찍어 붙여주면 "곰 벽걸이등" 이 완성된다.

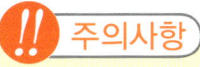 주의사항

나무 책상이나 유리위에서 클레이를 만들면 붙어버려서 떼어내기가 어렵습니다. 코팅 처리된 책상이나 비닐 폴더를 깔고 작업하면 만든 후에도 잘 떨어집니다.

클레이는 실온에서 수분이 날아가면서 자연적으로 말라서 굳어집니다. 굽거나 끓이지 않고 간편하게 말릴 수 있지만 완전히 마르기전까지는 변형될 수 있으니 조심해서 말려야 합니다.
말릴 때, 마른 수건위에 올려놓고 말리면 말린 후 깨끗하게 떨어집니다.

손끝으로 느끼는 세상 ClayArt